Manal Chakir

Analyse, Conception et Développement d'une application Web

Manal Chakir

Analyse, Conception et Développement d'une application Web

Éditions universitaires européennes

Impressum / Mentions légales

Bibliografische Information der Deutschen Nationalbibliothek: Die Deutsche Nationalbibliothek verzeichnet diese Publikation in der Deutschen Nationalbibliografie; detaillierte bibliografische Daten sind im Internet über http://dnb.d-nb.de abrufbar. Alle in diesem Buch genannten Marken und Produktnamen unterliegen warenzeichen-, marken- oder patentrechtlichem Schutz bzw. sind Warenzeichen oder eingetragene Warenzeichen der jeweiligen Inhaber. Die Wiedergabe von Marken, Produktnamen, Gebrauchsnamen, Handelsnamen, Warenbezeichnungen u.s.w. in diesem Werk berechtigt auch ohne besondere Kennzeichnung nicht zu der Annahme, dass solche Namen im Sinne der Warenzeichen- und Markenschutzgesetzgebung als frei zu betrachten wären und daher von jedermann benutzt werden dürften.

Information bibliographique publiée par la Deutsche Nationalbibliothek: La Deutsche Nationalbibliothek inscrit cette publication à la Deutsche Nationalbibliografie; des données bibliographiques détaillées sont disponibles sur internet à l'adresse http://dnb.d-nb.de.
Toutes marques et noms de produits mentionnés dans ce livre demeurent sous la protection des marques, des marques déposées et des brevets, et sont des marques ou des marques déposées de leurs détenteurs respectifs. L'utilisation des marques, noms de produits, noms communs, noms commerciaux, descriptions de produits, etc, même sans qu'ils soient mentionnés de façon particulière dans ce livre ne signifie en aucune façon que ces noms peuvent être utilisés sans restriction à l'égard de la législation pour la protection des marques et des marques déposées et pourraient donc être utilisés par quiconque.

Coverbild / Photo de couverture: www.ingimage.com

Verlag / Editeur:
Éditions universitaires européennes
ist ein Imprint der / est une marque déposée de
OmniScriptum GmbH & Co. KG
Heinrich-Böcking-Str. 6-8, 66121 Saarbrücken, Deutschland / Allemagne
Email: info@editions-ue.com

Herstellung: siehe letzte Seite /
Impression: voir la dernière page
ISBN: 978-613-1-51476-0

Abstract

*This paper presents the result of the work, conducted at my final-year internship, in the first year Master ASIC, within the Moroccan Society of Tourism engineering "**SMIT**".*

*The objective of this internship was to participate actively in the design and implementation of the "**JET_Park**" application.*

*"**JET_Park**" is an application which is composed of five modules and consists of a better organization and management to the work of the company in the context of vision 2020.*

*"**SMIT**" has entrusted me to develop two modules of this application: the "Management tasks" which allows broadcasting tasks between employees and" Management Action Plans" which enables the employees of each departments to define action plans of the projects undertaken by the company.*

For the realization of this project, we have adopted as tools: the .NET platform and the C# programming language thus benefiting from the richness and robustness offered by these technologies.

This book has four parts.

The first part defines the general context of the project; the second part details the analysis and the design phases of the application.

The third part details the technologies and describes the interfaces realized and fourth part sets the balance of the internship.

Remerciements

Je n'aurais pas commencé ce livre sans tenir à exprimer mes profondes gratitudes et sincères remerciements, pour tous ceux qui m'ont aidée dans l'élaboration de ce projet.

*Je tiens à remercier cordialement mon tuteur pédagogique **Mr. Abdelmalek BENZEKRI** et mon maître de stage **Mr. Anas BENOUHOUD**, de m'avoir soutenu tout au long de ce projet, et prodigué les conseils pertinents qui m'ont été un appui considérable dans toutes les démarches suivies.*

Je présente aussi mes sincères remerciements à toute l'équipe travaillante sur le développement de ce projet, qui m'ont fourni les éléments et l'aide nécessaires, permettant de comprendre leurs domaines de travaille, intégrer leur équipe et réussir les missions qui m'ont confiées.

Je ne saurais pas oublier dans mes remerciements, tout le corps professoral du Master ASIC, pour la formation qu'ils nous ont assurée durant cette année.

Que tous ceux qui m'ont aidée, de près ou de loin, trouvent ici l'expression de mes sentiments les plus distinguées.

Table des matières

Introduction

Comme nous le savions tous, l'informatique a introduit des changements énormes dans le monde moderne.

En particulier, l'informatique de gestion qui a produit un bouleversement dans les organisations, qu'elles soient des entreprises privées ou des administrations publiques.

J'ai donc eu la chance d'effectuer mon stage au sein de société Marocaine d'ingénierie touristique « *SMIT* », où j'ai eu l'occasion durant deux mois de rencontrer le monde professionnel avec toute sa richesse et sa diversité.

Ce stage m'a permis de mettre en valeur tout ce que j'ai accumulé en matière d'expérience en développement tout au long de mon parcours universitaire.

« *JET_Park* » est une application multi-utilisateur, qui a pour but de gérer les projets de la « *SMIT* ».

Donc le sujet de mon stage était de participer à l'analyser et le développement de cette application en utilisant la nouvelle technologie du développement web *"Silverlight"*.

1. Contexte générale du projet

1.1. Présentation de l'organisme d'accueil

La société Marocaine d'ingénierie touristique est un organisme crée par l'état Marocaine en 2007 et qui prend en charge l'aménagement touristique et l'investissement dans le secteur du tourisme.

La **SMIT** est un acteur principal dans le domaine de l'ingénierie et du développement touristique au Maroc, sa mission est de concevoir des études générales ou spécifiques sur l'offre et la demande touristique en réalisant des projets innovants et susceptibles de donner un nouveau souffle à l'intervention de l'état dans ce domaine et d'encourager les partenariats Public/Privé.

La SMIT a fortement contribué à l'élaboration de la nouvelle stratégie **Vision 2020** est poursuit actuellement son exécution dans le cadre des missions qui lui sont assignés.

- **Vision 2020**

La vision 2020 s'est fixé des objectifs ambitieux qui permettront au Maroc de se faire face aux défis liés à l'évolution du tourisme international.

Cette vision consiste à passer à une démarche plus intégrée d'aménagement du territoire, valoriser les différentes ressources sur le territoire Marocain en répondant aux besoins des marchés les plus porteurs et de redresser les faiblesses structurelles persistances du secteur. [1]

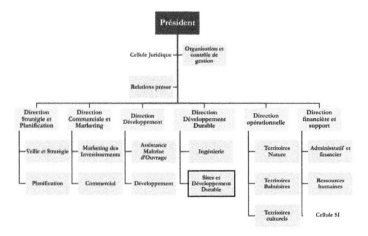

Figure 1: Organigramme de la SMIT

1.2. Présentation du sujet

L'application « **JET_Park** » est une application web qui gère les différentes tâches circulantes entre les employés des différents départements de la société.

L'application se compose de cinq modules, le chef de projet qui veille sur sa réalisation nous a confié les deux modules « **Gestion des tâches** » et « **Gestion des plans d'action** » qui permettent :

A chaque employé (ayant les droits d'accès à l'application) de créer, modifier et traiter une tâche et de consulter les tâches reçues.

A chaque chef de département de définir les plans d'action des projets confiés à la SMIT selon les stratégies élaborées et d'avoir un tableau de bord de réalisation.

1.2.1. *Gestion des tâches*

Chaque utilisateur doit avoir son propre espace de travail qui lui permet de créer une nouvelle tâche en définissant ses détails (nom, projet, description ...), joignant son fichier de création et envoyer cette tâche à un autre utilisateur pour la traiter. Il peut mettre d'autre utilisateur en copie, ces derniers peuvent consulter les détails de cette tâche, avoir un suivi de ses traitements mais ne peuvent ni la modifier ni la traiter.

Chaque utilisateur doit avoir une liste des tâches qu'il a créées et qui sont en cours de traitement qui peut avoir accès à modifier leurs données ou leurs destinataires, les tâches qu'il a reçu et qui doit traiter et les tâches où il a été mis en copie.

Pour chaque tâche reçue, l'utilisateur doit avoir accès a consulté des détails, ses fichiers joints et les détails de ses traitements.

L'utilisateur peut rechercher les tâches réaliser dans des dates précises et consulter leurs détails.

1.2.2. *Gestion des plans d'action*

Cette partie du système ne doit être consulté que par les chefs de département qui sont les utilisateurs de ce module.

Chaque utilisateur peut définir les volets liés à un projet, ses orientations stratégiques, axes stratégiques et axe de développement.

Pour chaque axe de développement, l'utilisateur peut définir ses plans d'action pour chaque année, et tout plan d'action peut avoir des paramètres de performance, des indicateurs de performances et des détails de réalisation de chaque mois.

Ces informations doivent être affichées dans un tableau de bord qui peut être consulté par les différents utilisateurs du système (Employés et Chefs de département).

2. Analyse et conception

2.1. Gestion du projet

Afin de répondre aux besoins des utilisateurs du logiciel dans le délai fixé et avec la qualité attendue et les moyens donnés, j'ai choisi avec mon binôme, comme méthode de gestion de projet le **modèle V**, qui part du principe que toute description d'un composant est accompagnée de ses tests qui permettent sa vérification et sa validation. [10]

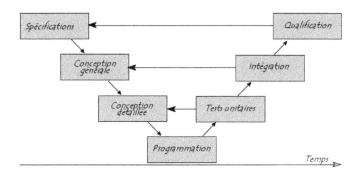

Figure 2: Modèle en V

- *Spécifications* : consiste à définir la finalité du projet et formaliser les besoins du client et l'ensemble des contraintes en élaborant le cahier de charge.
- *Conception générale* : consiste en une description de l'architecture du logiciel en décomposant le système développé en modules et structure de données.
- *Conception détaillée* : consiste à définir précisément chaque module et composant du logiciel.

- **Programmation :** traduire en langage de programmation les algorithmes et les requêtes définies lors de la conception.
- **Tests unitaires :** Vérifier le bon fonctionnement de chaque module du logiciel par l'intermédiaire des jeux d'essai.
- **Intégration :** Intégrer les différents composants du programme afin d'obtenir le logiciel final et s'assurer de l'interfaçage de ces derniers.
- **Qualification :** Vérifier que le logiciel répond exactement au cahier de charge.

Le modèle en V nécessite que les premières étapes de réalisation préparent les dernières, ce qui oblige à bien préparer les jeux de tests et leurs résultats et faire des retours sur les phases de description.

2.2. Analyse des besoins

Après avoir fait une définition globale des objectifs du projet, nous avons réalisé des entretiens avec les futurs utilisateurs du logiciel afin de bien spécifier les besoins des systèmes et réaliser un livrable qui répond le plus à leurs attentes.

Nous avons regroupé les résultats des entretiens pour établir le cahier de charge. Nous avons devisé les besoins des utilisateurs en besoins fonctionnels et besoins non fonctionnels et élaborer la liste des données à mémoriser.

2.2.1. Besoins fonctionnels

C'est une définition des fonctionnalités qui doivent être assurées par le système, et les services qu'il doit rendre aux utilisateurs.

Le Système doit permettre à chaque utilisateur de créer une tâche en définissant ses informations, cette tâche est envoyée à un utilisateur pour la traiter, on peut mettre d'autres utilisateurs en copie.

Les employés de la société sont regroupés selon les départements, chaque département dépend d'une direction.

Chaque tâche est désigné ouverte lors de sa création, il peut être défini comme urgente s'il doit être traitée le même jour et il est clôturer à la fin de ses traitements.

Après son authentification, chaque utilisateur peut consulter la liste des tâches qu'il a créées et qui sont encore ouvertes dans ce cas il peut les modifier, la liste des tâches qu'il a reçues pour traiter, et la liste des tâches où il est en copie.

Chaque utilisateur peut consulter l'historique des tâches clôturer, il peut rechercher une tâche par sa date de création, il doit avoir aussi un historique des traitements effectués sur les tâches clôturées.

En sélectionnant une tâche ouverte, l'utilisateur doit avoir toutes les informations concernant cette tâche, les traitements effectués sur cette dernières et le détail de chaque traitement, il peut aussi télécharger les fichiers joints à cette tâche.

Pour traiter une tâche, l'utilisateur doit spécifier la qualité du livrable, joindre le fichier du traitement et définir l'opération faite.

Le système doit permettre aussi aux utilisateurs dont la fonction et chef de département de définir les plans d'action pour chaque projet.

Chaque projet contient un ou plusieurs volets, à chaque volet est attribué une ou plusieurs orientations stratégiques, pour chaque orientation on a un ou plusieurs axes stratégiques qui possèdent d'un ou plusieurs axes de développement, pour chaque volet on désigne un utilisateur comme pilote du volet et un autre pour s'occuper des ressources.

Pour chaque plan d'action, les utilisateurs (chefs de département) peuvent entrer les détails concernant chaque mois, ces détails peuvent être consulté par toutes les utilisateurs qui peuvent aussi les télécharger en format PDF.

2.2.2. Besoins non-fonctionnels

Ils représentent les caractéristiques du système (Performance, ergonomie, sécurité ...), les contraintes techniques.

- **Performance** : les déplacements entre les données doivent être rapide, temps de réponse du système et d'exportation des données doit être le plus court possible.
- **Ergonomie** : Interfaces simples et claires représentant le maximum des données possibles et simple à utiliser.
- **Intégrité** : capture des erreurs des mauvais traitements des données.
- **Sécurité** : accès sécurisé à l'application avec login et mot de passe, définition des droits d'accès pour chaque utilisateur et sur chaque traitement, déconnexion après un temps d'inactivité.

2.2.3. Données mémorisées

- **Tâche** : destinataire, utilisateurs en copie, nom du projet concerné par la tâche, nom de la tâche, description, urgent ou pas, date de fin de traitement, date de création, fichier de création.
- **Traitement** : nom de la tâche, opération effectuée, qualité du livrable, fichier du traitement, commentaire sur le traitement, nom du destinataire et des utilisateurs en copie, date du traitement.
- **Plan d'action** : projet, volet, orientation stratégique, axe stratégique, axe de développement, pilote, ressource, description, année, paramètre de performance, indicateur de performance, détails.
- **Paramètres de performance** : objectif, actions réalisées, mois.
- **Indicateurs de performance** : tâches effectuées, réalisation du mois, mois.
- **Détails** : indicateurs, observation, prévisions du mois prochain, suggestion, mois.

2.3. Dossier de conception

2.3.1. Outil du travail

- **Présentation du langage UML**

UML (*Undefined Modeling Langage*) traduit par "langage de modélisation unifié" est une notation qui permet de modéliser un problème de façon standard.

Il permet à l'utilisateur de représenter et communiquer les divers aspects d'un système d'information, donne une définition plus formelle et apporte la dimension méthodologique qui faisait défaut à l'approche objet.

- **Choix de l'UML**

Le choix de l'UML, comme outil de modélisation, n'été pas arbitraire, en effet ce langage offre une multitude de possibilités telles que :

- Une meilleure communication entre les intervenants dans un projet : il offre des moyens de capture des connaissances sur un sujet à travers divers points de vue (ces points de vue sont fournis par ses différents diagrammes).
- La notation UML s'impose comme un standard de fait à l'heure actuelle sur le marché, adopté par des grands constructeurs de logiciel.
- Une bonne compréhension du problème : le système à étudier sera traité suivant différents angles et différents cas d'utilisation.

2.3.2. Conception du système

2.3.2.1. Diagramme des cas d'utilisation

Un cas d'utilisation (en anglais use case) permet de mettre en évidence les relations fonctionnelles entre les acteurs et le système étudié. Il représente un élément essentiel de la modélisation orientée objets et permet en principe de concevoir, et de construire un système adapté aux besoins de l'utilisateur.

Bien qu'un diagramme de cas d'utilisation décrit les grandes fonctions d'un système du point de vue des acteurs, mais n'expose pas de façon détaillée le dialogue entre les acteurs et les cas d'utilisation. C'est la raison pour laquelle nous avons choisi de faire une description textuelle pour chaque cas d'utilisation afin d'apporter plus de clarté et des détails à notre conception.

Dans notre diagramme, l'acteur principal est l'employé qui a droit d'accès au système.

Le chef de département est aussi un acteur qui dispose des mêmes droits que l'employé avec plus d'avantage.

Nous avons choisis de diviser le diagramme de cas d'utilisation en trois packages principaux.

- **Gestion des tâches** : qui regroupe l'ensemble des cas d'utilisation de gestion des tâches et qui sont utilisé par tous les employés, inclus les chefs de départements.

- **Gestion des plans d'action** : qui regroupe l'ensemble des cas d'utilisation de gestion des plans d'action et qui ne sont utilisé que par les chefs de départements.

- **Utilisation principale** : l'ensemble des cas d'utilisation du système.

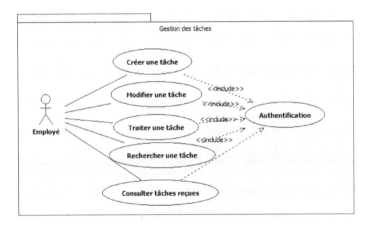

Figure 3: Gestion des tâches

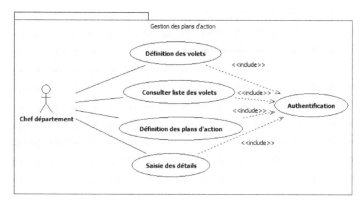

Figure 4: Gestion des plans d'action

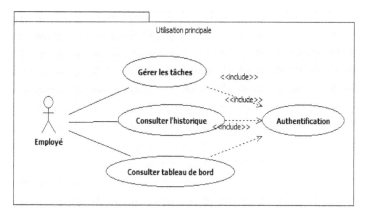

Figure 5: Utilisation principale

- **Description textuelle**

Cette partie représente un exemple de la description textuelle que nous avons fait pour les cas d'utilisation.

- *Authentification*

Cas d'utilisation	Authentification
Acteurs	Employé, Chef de département
Objectifs	S'authentifier afin d'accéder à l'espace de travail
Description	L'utilisateur fournit son identifiant et son mot de passe au système. Le système vérifie le couple (Identifiant, Mot de passe). Si le couple est correct, le système ouvre la session approprié à l'utilisateur et lui donne accès à son espace de travail. Sinon le système affiche un message d'erreur.

Tableau 1: Cas d'utilisation « Authentification »

- *Créer une tâche*

Cas d'utilisation	Créer une tâche
Acteurs	Employé, Chef de département
Objectifs	Créer une nouvelle tâche et l'envoyé à un autre utilisateur pour la traiter
Description	L'utilisateur saisit les informations de la tâche qu'il a créé, entre les noms des destinataires et clique sur le bouton Créer pour enregistrer les informations sur la base de donnée, ou sur Annuler pour réinitialiser le formulaire. Si les données sont bien enregistrées, le système affiche message de réussite, déclare la tâche comme ouverte. Sinon le système affiche message d'erreur.

Tableau 2: Cas d'utilisation « Créer une tâche »

- *Modifier une tâche*

Cas d'utilisation	Modifier une tâche
Acteurs	Employé, Chef de département
Objectifs	Modifier une tâche ouverte
Description	L'utilisateur choisit une tâche qu'il a déjà créée pour la modifier, le système ouvre le formulaire de modification contenant les

	informations de la tâche choisie.
	Il peut modifier les destinataires ou les données de la tâche et clique sur Modifier pour enregistrer les modifications dans la base de données, ou sur Annuler pour réinitialiser le formulaire. Si les données sont bien enregistrées, le système affiche message de réussite. Sinon le système affiche message d'erreur.

Tableau 3: Cas d'utilisation « Modifier une tâche »

2.3.2.2. Diagramme des classes

Un diagramme de classes est une collection d'éléments de modélisation (classes, paquetages ...), qui montre la structure d'un modèle d'un point de vue statique tout en faisant une abstraction des aspects dynamiques et temporels.

Un diagramme de classe modélise l'ensemble d'informations collectées sur le système sous forme d'entités appelées « classe » ainsi que les différentes relations entre ces dernières.

C'est en se basant sur ce diagramme qu'on peut déduire le modèle physique des données.

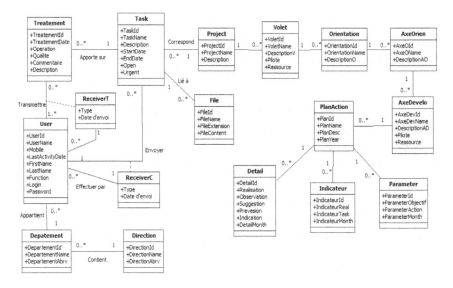

Figure 6: Diagramme des classes

A partir du diagramme ci-dessus nous avons opté pour faire une description des classes maîtresses qui permettront de donner une meilleure vision au fonctionnement du système :

✓ **Task** : Cette classe contient les tâches crées par les utilisateurs, une fois la tâche est créée, l'attribut Open prend la valeur **True** et la tâche est considérée comme ouverte, la tâche est envoyé à un utilisateur pour la traiter, on pourrait mettre d'autre utilisateur en copie. Quand la tâche est clôturée dans un traitement, l'attribut Open prend la valeur **False** est la tâche est fermée.

✓ **User** : Cette classe contient les utilisateurs du système, chaque utilisateur est affecté à un département qui appartient à une direction, un utilisateur peut créer ou traiter une tâche reçue.

✓ **Treatement** : Cette classe contient les traitements des tâches faits par les utilisateurs, chaque traitement apporte sur une seule tâche, il peut être envoyé à un autre utilisateur pour le compléter, on pourrait mettre des utilisateurs en copie.

✓ **ReceiverC** : Cette classe est une association entre les classes User et Task. Dans cette classe on trouve les identifiants suivants : UserId (identifiant du destinataire), TaskId (identifiant de la tâche créée), Date (date d'envoi), et les attributs suivants : type (type d'envoi traitement ou copie) et UserId (identifiant du créateur).

✓ **ReceiverT** : Cette classe est une association entre les classes User et Treatement. Dans cette classe on trouve les identifiants suivants : UserId (identifiant du destinataire), TreatementId (identifiant du traitement envoyé), Date (date d'envoi), et les attributs suivants : type (type d'envoi traitement ou copie) et UserId (identifiant du créateur).

✓ **Project** : Cette classe contient les projets traités par la société.

✓ **Volet** : Cette classe contient les volets des projets, chaque projet dispos de 0 ou plusieurs volets, chaque volet contient 0 ou plusieurs orientations stratégiques, qui contiennent aussi 0 ou plusieurs Axe stratégique, qui contiennent 0 ou plusieurs Axe de développement.

✓ **Plan d'action** : Cette classe contient les plan d'action pour une année, chaque plan d'action correspond à un axe de développement, chaque axe de développement contient 0 ou plusieurs plan d'action. Chaque plan d'action dispose de 0 ou plusieurs Parameter/ Indicateur/ Detail de chaque mois.

2.3.2.3. Diagramme de séquence

Le diagramme de séquence sert à modéliser les scénarios qui constituent les cas d'utilisation.

Il permet de formaliser les interactions qui surviennent dans une séquence du temps d'un scénario donné. Il montre la participation d'objets dans les interactions et les messages qu'ils échangent dans un intervalle de temps.

Nous avons choisi de représenter les diagrammes de séquences des cas d'utilisation principaux.

- *Authentification*

Chaque utilisateur s'authentifie au système en donnant son identifiant et son mot de passe. Le système vérifie le couple (Identifiant, mot de passe) dans la table User.

Si le couple est correct : le système ouvre la session de l'utilisateur.

Sinon : le système affiche un message d'erreur.

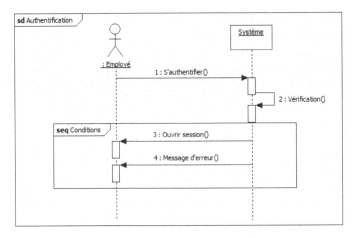

Figure 7: Diagramme de séquence « Authentification »

- **Créer une tâche**

Après son authentification, l'utilisateur accède à son espace de travail.

Si l'utilisateur choisit de créer une tâche, le système lui affiche le formulaire de création. L'utilisateur remplit les données de la tâche dans le formulaire.

Si les données sont correcte, le système les sauvegarde dans la base de données et affiche un message de succès 'Tâche bien créée'.

Sinon le système affiche un message d'erreur déclarant l'erreur produite.

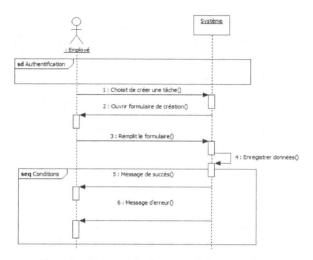

Figure 8 : Diagramme de séquence « Créer une tâche »

- **_Rechercher une tâche_**

Après son authentification, si l'utilisateur choisit de rechercher les tâches créées pour un intervalle de date données. Le système lui affiche le formulaire de recherche.

L'utilisateur saisit la date de début et la date de fin de l'intervalle et lance la recherche. Le système recherche les tâches dans la table Task de la base de données et affiche le résultat de la recherche.

Si l'utilisateur veut plus de détails sur une tâche, il la sélectionne et le système lui affiche les informations appropriées à cette tâche.

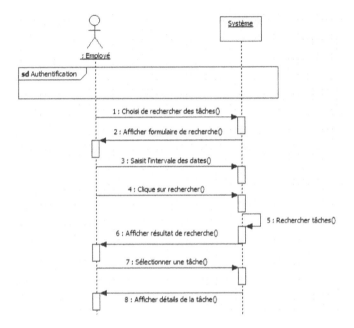

Figure 9 : Diagramme de séquence « Rechercher une tâche »

3. Mise en œuvre

3.1. Technologies Utilisées

3.1.1. Plateforme .Net

.Net ou comme on le prononce « **DOTNET** » est l'ensemble des technologies proposées par la société Microsoft pour le développement des applications multi-niveaux.

Le Framework **.NET** représente l'ensemble des services API (*Application Programming Interface*) offerts par la plateforme **.NET**.

4. L'environnement d'exécution

- Un moteur d'exécution **CLR** (*Common Langage Runtime*) permettant de compiler le code source de l'application en langage intermédiaire.
- Un environnement d'exécution d'application et de services web **ASP.NET**.
- Un environnement d'exécution d'application lourdes **WinForms**.
- Des services sous forme d'un ensemble hiérarchisé de classe s appelé *Framework Class Library* (**FCL**), qui fournit des fonctionnalités pour les principaux besoins des développeurs.

Le schéma ci-dessous est une représentation de cet environnement d'exécution. [8]

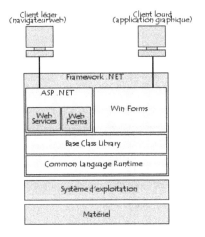

Figure 10: Présentation de la plateforme .NET

3.1.2. Silverlight

Silverlight est un plugin (paquet qui complète un logiciel) pour les navigateurs web multiplateforme qui permet de développer des applications Web Riches (RIA). C'est l'équivalent du **CLR** (Common Langage Runtime). [7]

Silverlight permet de visionner des animations de type vectorielles, mais surtout des contenus multimédias intégrant de l'audio et de la vidéo.

Les applications **Silverlight** sont utilisables dans des nombreux navigateurs web et sous les systèmes d'exploitation Windows et Mac OS X et peuvent être écrites dans n'importe quel langage de programmation Microsoft .NET.

3.1.3. Langage C#

C# est un langage de développement orienté objet crée par la société Microsoft en 2001. Il permet de générer des applications fiables et sécurisés qui s'exécutent sur le Framework .NET. [3]

Il est utilisé aussi pour créer des applications clientes, des services web **XML**, des composants distribués, des applications client-serveur et des applications de base de données.

Avec sa syntaxe simple et facile à reconnaître, le langage **C#** fournit des fonctionnalités puissantes telles que des accès directs à la mémoire, des types de valeurs nulles, méthodes anonyme et des méthodes et types génériques qui améliorent la sécurité et la performance des types.

Le **C#** est le langage de programmation qui fait fonctionner le mieux toutes les applications de la plateforme **.NET**.

3.1.3. XAML

XAML « *eXtensible Application Markup Language* » est un langage à balises pour applications extensibles appliqué au Framework **.NET** pour simplifier la création des interfaces utilisateur.

Il permet de séparer l'interface utilisateur de la logique au moment d'exécution et d'utiliser des fichiers de codes joints aux balises par la définition des classes partielles.

Il est différent des autres langages puisqu'il a un lien directe avec le système et il utilise des outils potentiels liant les interfaces utilisateurs à la logique de l'application. [4]

3.1.4. WCF RIA Services

WCF RIA (*Windows Communication Foundation for Rich Internet Application*) Services simplifie le développement des applications multicouches pour les applications internet riches.

Les services **RIA** fournissent des composants d'infrastructure et des outils qui mettent la logique de programmation sur le serveur client sans qu'il soit nécessaire de le dupliquer et permettent d'établir la liaison de projets client et serveur et la génération du code intermédiaire à partir d'une couche intermédiaire. Ils s'intéressent à la zone entre la couche de présentation et la couche d'accès aux données (**DAL**).

Le Schéma suivant représente une version simplifié d'une application multicouche. [9]

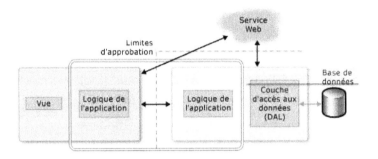

Figure 11 : Application multicouche

3.1.5. SQL Server

SQL Server est un système de gestion de base de données relationnels Co-développé par Microsoft et Sybase en 1989 avant que cette partenariat soit rompu en 1994 et le SGBD soit porté par Microsoft sous Windows. [5]

Microsoft **SQL Server** propose des multiples fonctionnalités : il permet de crée des procédures stockées et des déclencheurs en utilisant le langage Transact-SQL, de définir des relations entre les tables en garantissant l'intégrité des données stockées.

SQL Server s'appuie sur le système d'authentification de Windows, ce qui permet de donner des droits d'accès sur les différents éléments de SQL Server à un groupe ou à un utilisateur.

3.1.6. Visual Studio

Visual Studio est un ensemble d'outils de développement crée par Microsoft en 1997 et permettant de générer des différents types d'applications. [6]

C'est un **IDE** (*Integrated Developement Environement*) qui permet de partager des outils entre Visual Basic, Visual C++, Visual C# et Visual J# et facilite la création des applications utilisant plusieurs langages.

3.2. Interfaces de l'application

3.2.1. Espace de travail

Après que l'utilisateur s'authentifie, le système lui redirige vers son espace de travail, où il peut accéder à l'une des fonctionnalités de l'application :

- Gestion des tâches
- Historique des tâches
- Historique des traitements
- Gestion des plans d'action
- Tableau de bord

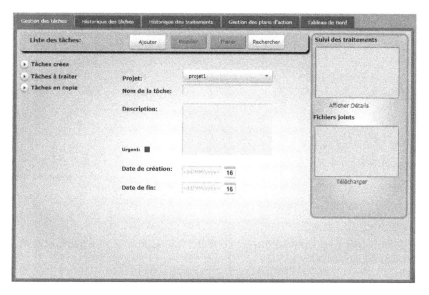

Figure 12 : Espace de travail

3.2.2. Gestion des tâches

Dans l'onglet Gestion des tâches, l'utilisateur peut consulter les tâches qu'il a créées, les tâches qu'il doit traiter et les tâches où il est en copie.

Pour les tâches créées, l'utilisateur a accès à les modifier mais il ne peut pas les traiter. Pour les tâches à traiter, l'utilisateur a accès à les traiter mais il ne peut pas les modifier. Pour les tâches en copie, l'utilisateur ne peut ni les modifier, ni les traiter.

En sélectionnant une tâche, le système affiche à l'utilisateur ses informations, le suivi des traitements faits sur cette tâche et la liste des fichiers joints à cette dernière.

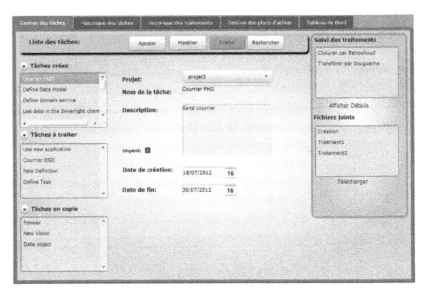

Figure 13 : Gestion des tâches

L'utilisateur peut consulter les détails d'un traitement en le sélectionnant et cliquant sur Afficher Détails.

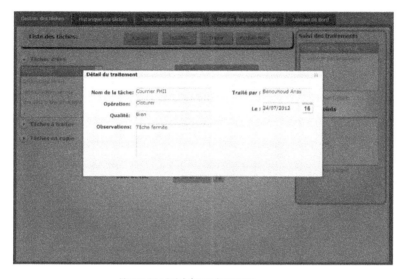

Figure 14 : Suivi des traitements

3.2.3. Création d'une tâche

Chaque utilisateur a droit de créer une nouvelle tâche en cliquant sur le bouton Ajouter, le système lui ouvre le formulaire à remplir afin de créer une nouvelle tâche.

L'utilisateur choisi un destinataire pour lui envoyer la tâche afin de la traiter, et peut mettre d'autres utilisateurs en copie.

Il saisit aussi les informations de la tâche : nom, date limite de fin de traitement, description, désigne s'elle est urgente ou pas, faire joindre le fichier de création et choisi le projet concerné par la tâche.

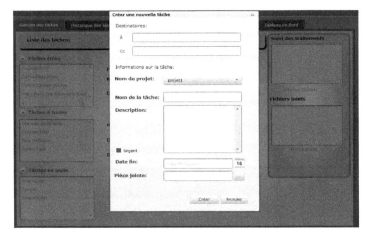

Figure 15 : Formulaire de création d'une tâche

Afin de choisir un destinataire, l'utilisateur clique sur le lien A (pour traitement) et Cc (pour mettre en copie), après l'utilisateur choisi la direction, puis le département et choisi le destinataire.

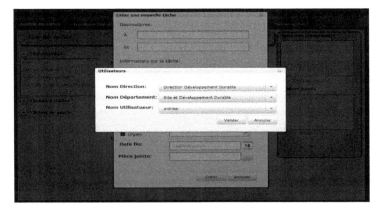

Figure 16 : Choix du destinataire

3.2.4. Modification d'une tâche

Chaque utilisateur peut modifier les tâches qu'il a créées, en sélectionnant une tâche, il clique sur le bouton Modifier, le système lui affiche un formulaire contenant les données entrées pour cette tâche qui peut les modifier.

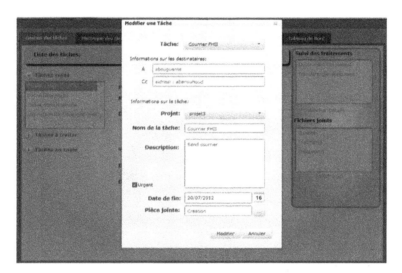

Figure 17 : Formulaire de modification

3.2.5. Traitement d'une tâche

Afin de traiter une tâche, l'utilisateur sélectionne la tâche à traiter et clique sur le bouton Traiter, le système lui affiche le formulaire du traitement.

Dans le formulaire, l'utilisateur trouve le nom de l'expéditeur, il choisit l'opération qu'il a fait sur la tâche à partir de la liste des opérations possibles {Clôturer, Transférer, Viser}, la qualité du livrable {Passable, Assez Bien, Bien}, écrit ses observations, joint le fichier de traitement et choisit les destinataires.

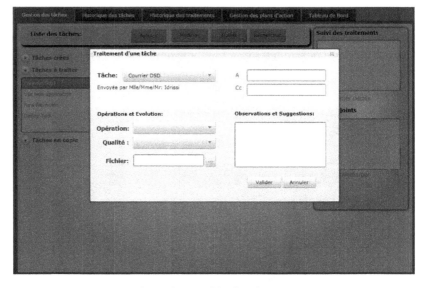

Figure 18 : Formulaire de traitement

3.2.6. *Recherche d'une tâche*

En cliquant sur le bouton Rechercher, le système affiche à l'utilisateur le formulaire de recherche.

L'utilisateur entre une date de début et une date de fin et clique sur Rechercher, le système lui affiche les tâches dont la date de création est dans l'intervalle des dates saisies.

L'utilisateur peut sélectionner une tâche et clique sur Afficher, le système lui affiche les détails de cette tâche.

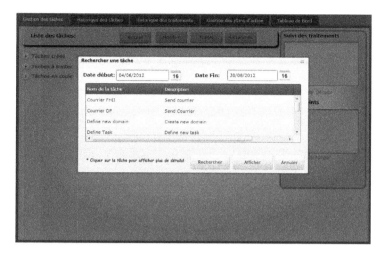

Figure 19 : Formulaire de recherche

3.2.7. *Historique des tâches*

Dans cet onglet, l'utilisateur trouve la liste des tâches fermées, il peut rechercher une tâche par son nom.

Figure 20 : Historique des tâches

3.2.8. *Historique des traitements*

Dans cet onglet, l'utilisateur trouve l'historique des traitements fait sur les tâches fermées, l'utilisateur peut saisir le nom d'une tâche et le système lui affiche la liste des traitements effectués sur cette dernière.

Figure 21 : Historique des traitements

3.2.9. *Gestion des plans d'action*

Cet onglet n'est activé que pour les chefs de département, l'utilisateur peut choisir un projet et lui attribuer un volet, pour ce volet, il attribue une ou plusieurs orientations stratégiques.

En sélectionnant une orientation stratégique entrée, l'utilisateur peut lui attribuer un ou plusieurs axes stratégiques et en sélectionnant un axe stratégique, il peut lui attribuer un ou plusieurs axes de développement.

Pour chaque volet on associe un utilisateur pour être pilote et un autre pour s'occuper des ressources, ces utilisateurs sont choisis en cliquant sur les liens (Pilote) et (Ressource) qui nous affiche le formulaire utilisateur.

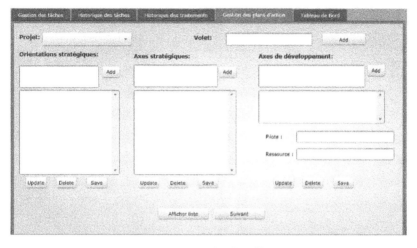

Figure 22 : Gestion des plans d'action

En entrant un nom de volet, l'utilisateur clique sur le bouton Add afin de l'enregistrer dans la base de données.

En entrant une Orientation stratégique/Axe stratégique/ Axe de développement, l'utilisateur clique sur le bouton **Add** pour l'ajouter à la liste des Orientations stratégiques/Axes stratégiques/ Axes de développements.

L'utilisateur peut modifier une valeur entrée en cliquant sur le bouton **Update**, la supprimer en cliquant sur le bouton **Delete** ou enregistrer la liste des valeurs entrée en cliquant sur le bouton **Save**.

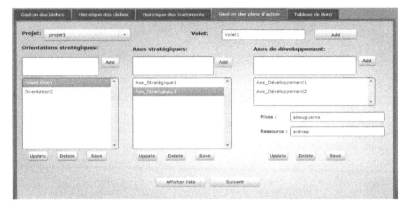

Figure 23 : Définition des volets

3.2.10.*Liste des volets*

L'utilisateur peut consulter les valeurs déjà entrées en cliquant sur le bouton Afficher liste, le système lui affiche le formulaire contenant la liste des valeurs.

L'utilisateur choisi le projet concerné, le système lui affiche la liste des volets pour ce projet, en choisissant un volet, le système lui affiche la liste des orientations stratégiques pour ce volet, en sélectionnant une orientation stratégique, le système affiche la liste des axes stratégiques pour cette orientation et en sélectionnant une orientation, le système lui affiche la liste des axes de développement pour cet axe.

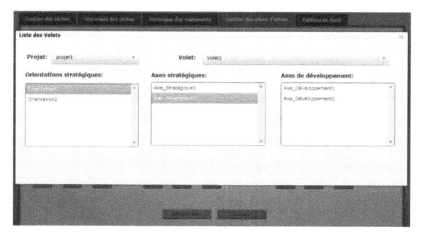

Figure 24 : Liste des volets

3.2.11.*L'étape suivante*

En cliquant sur le bouton Suivant, le système redirige l'utilisateur vers l'étape suivante de définition des plans d'action. Dans cette étape, l'utilisateur choisit le projet, le volet, l'orientation stratégique, l'axe stratégique et l'axe de développement et entre le plan d'action, sa description et son année et clique sur le bouton Enregistrer afin de sauvegarder les valeurs saisies dans la base de données.

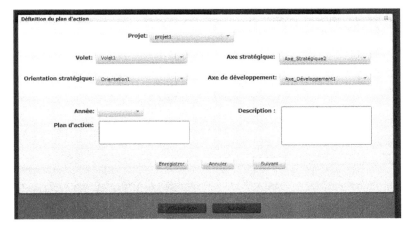

Figure 25 : Définition du plan d'action

3.2.12. L'étape finale

En cliquant sur le bouton Suivant, l'utilisateur est redirigé vers le formulaire des détails qui lui permet d'entrer plus de détails sur le plan d'action choisi pour chaque mois.

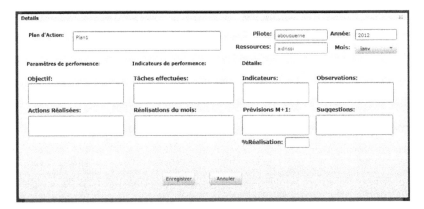

Figure 26 : Formulaire des détails

3.2.13. Tableau de Bord

Dans cet onglet, l'utilisateur peut consulter les détails disponibles pour chaque plan d'action.

En cliquant sur le lien Plan d'action, l'utilisateur choisi un, et sélectionne un mois à partir de la liste déroulante Mois. Le système lui affiche les détails concernant le plan pour le mois choisi.

Il peut aussi télécharger le contenu de l'onglet en format PDF en cliquant sur le lien Télécharger les détails du plan en format PDF.

Figure 27 : Tableau de bord

Afin de choisir un plan d'action, l'utilisateur choisi le projet, le volet, l'orientation stratégique, l'axe stratégique, l'axe de développement puis le plan d'action associé.

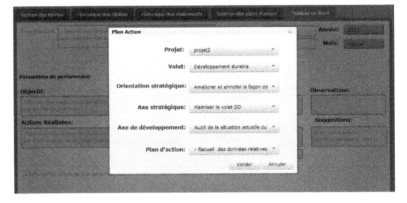

Figure 28 : Formulaire de choix de plan d'action

4. Bilan de stage

4.1. Plan technique

La période d'analyse et de développement de l'application s'est déroulée du 28 Mai au 28 Juillet. Lors de laquelle il y a eu quelques jours d'adaptation nécessaires où j'ai étudié avec mon binôme les divers documents relatifs au projet (documentation métier, documentations techniques…). Il était en effet indispensable de s'immerger dans l'environnement afin d'appréhender au mieux les différents aspects du métier d'ingénierie touristique et précisément le projet JET_Park.

Il a fallu ensuite d'une part s'adapter aux modules de l'application déjà réalisés ainsi qu'aux technologies mises en œuvre qui étaient nouvelles pour nous, d'autre part réussir à coordonner avec mon binôme nos différentes méthodologies de travail.

Aussi nous étions obligées de faire un entretien avec les utilisateurs de l'application, pour mieux comprendre leurs besoins et leurs attentes.

A partir des cours que nous avons suivi et des projets que nous avant réalisé durant note formation, nous avons constaté qu'une meilleure conception conduit à un travail accompli, nous avons réparti notre temps de travail à 60% pour l'analyse et la conception, 30% pour le codage de l'application et 10% de notre temps nous l'avons gardé pour effectuer les tests d'intégrations et la préparation de la documentation finale pour les utilisateurs.

Le tableau ci- dessous représente notre plan technique réparti sur les semaines que nous avons passé en stage.

Semaines	Travail réalisé
Semaine 1	Adaptation à l'environnement, documentation relatif au projet, auto-formation sur les outils de travail
Semaine 2	Interview avec les utilisateurs de l'application, spécification des besoins et élaboration du cahier de charge
Semaine 3	Conception générale du système : définition des fonctionnalités et d'architecture logique

Semaine 4	Conception détaillé du système : définition des composants et d'architecture physique
Semaine 5 et 6	Codage de l'application
Semaine 7	Livraison des modules développés

Tableau 4: Plan technique

4.2. Apports professionnels

Mon stage s'est déroulé au sein du service de développement durable et site qui s'occupe du développement des applications informatiques nécessaire au travail de la société. Ce service se compose des équipes dont chacune d'elle travaille sur un projet, nous étions affectées à l'équipe qui s'occupe du développement de l'application « **JET_Park** ».

Le chef de projet nous a confié l'analyse et le développement des deux modules « **Gestion des tâches** » et « **Gestions des plans d'action** ». Durant cette période, nous avons pu intégrer l'équipe qui travaille sur le projet qui nous a donné toutes les informations nécessaires sur ce dernier et sur les outils de travail.

Nous étions chargées de faire un entretien avec les utilisateurs de l'application, qui nous ont expliqué mieux le cœur métier de la société. Durant cet entretien nous avons essayé de cumuler le plus possible d'informations afin de développer une application qui satisfera leurs attentes.

Notre objectif était de mieux analyser les besoins des utilisateurs et établir en parallèle les jeux de tests que nous devrions appliquer à la fin de développement de chaque partie, afin d'assurer un avancement sûr au projet, gagner du temps qui était un grand défi pour nous et livrer un produit de qualité.

Durant ces deux mois, j'ai pu mettre en pratique mes connaissances acquises durant mon cursus universitaire spécifiquement durant la formation **Master ASIC** où j'ai eu les bases et les éléments fondamentales que ça soit en analyse et conception des systèmes d'information, qualité des logiciels, interaction homme machine … .

Je me suis confronté aussi aux difficultés réelles du monde de travail et du développement informatique, puisque j'étais responsable avec mon binôme d'apporter des nouvelles solutions et prendre des décisions importantes pour régler les problèmes rencontrés.

Ce stage ma permit de travailler avec des nouveaux outils, différents de ceux que je suis familiarisé de travailler avec, j'ai pu découvrir le développement sous la plateforme .NET en utilisant le framework **Silverlight**, et c'était aussi la première fois où je programme avec le langage **C#**, ce qui a ajouté beaucoup à mes compétences.

Je garde de ce stage un excellent souvenir, il représente une expérience riche, valorisante et encourageante pour mon avenir.

Je pense que cette expérience en entreprise m'a offert une bonne préparation à mon insertion professionnelle. Le fait de s'adapter à des différents situations sans cesse me plaît aussi, d'être en perpétuel apprentissage, apporter des solutions fiables et garantir la qualité d'un service. Tout cela confronte mon désir d'exercer le métier de développement des systèmes informatique.

4.3. Apports personnels

Ce stage a été très positif et m'a permis d'enrichir mes connaissances et mon savoir-faire, mais aussi mon savoir-être.

Durant les 2 mois de stage, j'étais en contact avec plusieurs personnes, ce qui m'a aidé à développer mon sens relationnel et faire des nouvelles connaissances.

J'ai pu constater que pour mieux gérer un projet, il faut être en relation directe et durant toutes les phases de développement avec l'utilisateur du logiciel, qui change souvent de besoin et d'avis.

Il faut aussi avoir une bonne connaissance sur le cœur métier, parce que tout conflit représente une perte de temps et un retard du travail.

Ce stage était une occasion pour approfondir mes connaissances que ça soit dans le métier : domaine d'ingénierie touristique ou dans les techniques informatiques : outils et méthodes de développement.

J'étais aussi responsable avec mon binôme sur le développement de l'application, ce qui m'a permis de renforcer mon sens organisationnel, mon sens de responsabilité et mon autonomie.

Désormais, le fait d'intégrer une équipe performante, qui nous a toujours soutenues avec ses conseils et son expertise, a apporté de plus à mes motivations et à mon ambition.

Ces 2 mois représentait pour moi une véritable occasion, durant laquelle, j'ai pu investir mon dynamisme, mon sens relationnel et ma capacité pour répondre aux attentes de l'équipe de travail, mais aussi pour profiter le plus possible des compétences et des techniques des ingénieurs de développement pour améliorer mes connaissances et compléter et enrichir mes expériences.

Enfin, je tiens à exprimer ma satisfaction d'avoir l'occasion de travailler dans des bonnes conditions, avec une équipe toutes active et innovante et dans un environnement agréable.

Bibliographie

Source	Consultée le
[1]: http://www.smit.gov.ma/index.html	02/06/2012
[2] : http://www.commentcamarche.net/contents/dotnet/dotnet-intro.php3	10/06/2012
[3]: http://fr.wikipedia.org/wiki/C_sharp	10/06/2012
[4] : http://msdn.microsoft.com/fr-fr/library/ms752059.aspx	19/08/2012
[5] : http://fr.wikipedia.org/wiki/Microsoft_SQL_Server	19/08/2012
[6] : http://fr.wikipedia.org/wiki/Visual_Studio	10/07/2012
[7] : http://fr.wikipedia.org/wiki/Silverlight	10/07/2012
[8] : http://www.commentcamarche.net/contents/dotnet/dotnet-intro.php3	19/08/2012
[9] : http://msdn.microsoft.com/fr-fr/library/ee707344(v=vs.91).aspx	10/07/2012
[10] :http://www.commentcamarche.net/contents/genie-logiciel/cycle-de-vie.php3	02/06/2012

Liste des Figures

Liste des tables